3年《ねん》1組《くみ》の

ふじかわ
かずま

のざき
りお

みかみ
ゆうた

はなだ
ほのか

わたなべ
みさき

ひらまつ
あおと

もっと知《し》りたい、きちんと伝《つた》えたい

伝《つた》え合《あ》うって楽《たの》しい！

監修 冨樫忠浩 日本言語技術教育学会理事

1 言《こと》葉《ば》のキャッチボールをしよう

はじめまして。
よろしくね。

文研出版

はじめに

勇気《ゆうき》を出《だ》して伝《つた》え合《あ》おう

　みなさんは、自分《じぶん》の思《おも》いや考《かんが》えを言葉《ことば》にして伝《つた》えていますか？　うまく言《い》い表《あらわ》せるか、相手《あいて》に聞《き》いてもらえるか自信《じしん》がなくて、伝《つた》えられない人《ひと》もいるでしょう。でも、思《おも》いは目《め》に見《み》えません。だから、伝《つた》えなければ、伝《つた》わりません。勇気《ゆうき》を出《だ》して伝《つた》えたら、きっと思《おも》いはとどき、相手《あいて》からも返《かえ》ってきます。

　このシリーズの登場人物《とうじょうじんぶつ》たちも、さまざまななやみをかかえています。コミュニケーションにさまざまななやみをかかえています。ぜひ、かれらの思《おも》いによりそって読《よ》み進《すす》めてみてください。

　また、シリーズ五巻《ごかん》を通《とお》して、「話《はな》す・聞《き》く」「書《か》く」「読《よ》む」などの「あらゆる場面《ばめん》で伝《つた》え合《あ》う」ための知識《ちしき》と技術《ぎじゅつ》を紹介《しょうかい》しているので、自信《じしん》をもって伝《つた》え合《あ》えるようになります。自分《じぶん》を信《しん》じて、挑戦《ちょうせん》しましょう。

　この本《ほん》がみなさんに勇気《ゆうき》をあたえ、みなさんの「伝《つた》え合《あ》う力《ちから》」をのばしてくれることを願《ねが》っています。

会話《かいわ》で学校生活《がっこうせいかつ》をよりよくしよう

一巻《いっかん》では、言葉《ことば》のキャッチボール（会話《かいわ》）をして、主《おも》に話《はな》す力《ちから》・聞《き》く力《ちから》を身《み》につけていきます。

登場人物《とうじょうじんぶつ》たちといっしょに、伝《つた》え合《あ》うことの「楽《たの》しさ」や伝《つた》え合《あ》えたときの「よろこび」を経験《けいけん》しましょう。

「自分《じぶん》だったら、どんなふうに受《う》け答《こた》えするかな。」と考《かんが》えながら読《よ》むのもいいですね。そして、読《よ》み終《お》えたらさっそく、友《とも》だちに声《こえ》をかけてみましょう。

1巻《かん》でやってみよう！

- 自分《じぶん》から話《はな》しかける
- 人前《ひとまえ》に立《た》って話《はなし》をする
- 相手《あいて》の言葉《ことば》を受《う》け止《と》めて、会話《かいわ》をつないでいく
- たがいに思《おも》いやって、あたたかい言葉《ことば》をかけ合《あ》う

監修《かんしゅう》　冨樫忠浩《とがしただひろ》

もくじ

「自分《じぶん》から声《こえ》をかけるのは苦手《にがて》」、そんなほのかが勇気《ゆうき》を出《だ》すよ。

話《はな》しかけてみよう

新《あたら》しい学年《がくねん》の始《はじ》まり

明日《あす》は一学期《いちがっき》の始業式《しぎょうしき》。ほのかは、三年生《さんねんせい》になる。

「クラスがえで、仲《なか》よしの友《とも》だちとはなればなれになったらどうしよう。」

学校《がっこう》に行《い》くしたくが終《お》わっても、不安《ふあん》な気持《きも》ちでねむれないでいるよ。

だけど、新《あたら》しいクラスにどんな人《ひと》がいるのか、楽《たの》しみでもあるんだ。

ほのかはノートを出《だ》して、明日《あす》の目標《もくひょう》を書《か》きとめておくことにした。

知《し》らない人《ひと》ばかりだったら、心細《こころぼそ》いな。どうやって友《とも》だちをつくろう。
自分《じぶん》から声《こえ》をかけるのは、苦手《にがて》……。
でも、あしたはがんばって自分《じぶん》から話《はな》しかけてみよう！
ほのか
あしたの目《もく》ひょう
自分《じぶん》から話《はな》しかける

次《つぎ》の日《ひ》
ふじかわ かずま
のざき りお
くぼ はるおみ
いのうえ しょうた
みかみ ゆうた
はなだ ほのか
たぐち ゆな
おかだ めい
わたなべ みさき
ひらまつ あおと
なかじま けいすけ
きたむら えりな
おはよう！またいっしょのクラスだね。
おはよう！やったね。よろしく！
出席番号順《しゅっせきばんごうじゅん》にすわるんだね。
そうだね。えりなさんの席《せき》、見《み》つけた。
おはよう！風《かぜ》が強《つよ》かったね。
おはよう！ほんとにすごかったね。
友《とも》だちとクラスがはなれちゃった。
うわあ……。もう、みんな仲《なか》よくなってるの？どうしよう、話《はな》しかける勇気《ゆうき》が出《で》ない……。
すでに打《う》ちとけ合《あ》っているクラスメイトたちを横目《よこめ》に、ほのかは、いったん自分《じぶん》の席《せき》にすわることにしたよ。

「おはよう」を
言《い》うことも
できなかった。
このまま一日《いちにち》
終《お》わっちゃうの
かな……。

あれ？
葉《は》っぱだ。

ほのかは、勇気《ゆうき》を出《だ》して声《こえ》をかけてみた。

あのう……。
かみの毛《け》に
葉《は》っぱが
ついてるよ。

ありがとう！
わたし、
「のざきりお」って
いうの。
よろしくね。
わたしは
「はなだほのか」
だよ！
よろしくね。

名前《なまえ》を教《おし》え合《あ》った
だけなのに、
うれしい気持《きも》ちで
いっぱいになったよ。

（自分《じぶん》から話《はな》しかけることができた！）
目標《もくひょう》を達成《たっせい》できて自信《じしん》が出《で》てきたほのかは、もっと話《はな》したいと思《おも》った。

この葉《は》っぱ、かれ葉《は》みたい。
春《はる》なのにどうしてかれてるんだろうね。

あっ！ きっと、横断歩道《おうだんほどう》のところにある、大《おお》きな木《き》だよ。
春《はる》に新《あたら》しい葉《は》っぱが出《で》てくると、古《ふる》い葉《は》っぱが落《お》ちるんだって。二年生《にねんせい》のとき、見守《みまも》り委員《いいん》さんに教《おし》えてもらったんだ。
横断中

へえ！ 帰《かえ》りに見《み》てみよう。

りおが、「いっしょに行《い》かない？」と言《い》ったので、学校《がっこう》の帰《かえ》りに二人《ふたり》で見《み》に行《い》く約束《やくそく》をしたよ。
そのあと、図書館《としょかん》で何《なん》の木《き》か調《しら》べることにしたんだって。

話《はな》しかけて、よかった！

話題《わだい》の見《み》つけ方《かた》

●初《はじ》めて話《はな》しかけるとき

きんちょうしてしまったら、まずはあいさつをしよう。声《こえ》に出《だ》すと、きんちょうがほぐれることもあるよ。話題《わだい》はどんなことでもいいんだ。例《たと》えば天気《てんき》の話《はなし》など、ちょっとした話題《わだい》を見《み》つけて会話《かいわ》を始《はじ》めてみよう。

あいさつ

あいさつをかわすと、おたがいに気持《きも》ちが晴《は》れて、元気《げんき》が出《で》てくる。続《つづ》けて会話《かいわ》がしやすくなるよ。

おはよう！

ありがとう。

こんにちは。

自己《じこ》しょうかい

自分《じぶん》の名前《なまえ》を相手《あいて》に伝《つた》えよう。右《みぎ》のふきだしの「○○○○」に、自分《じぶん》の名前《なまえ》を入《い》れてみてね。

ぼく（わたし）は、○○○○です。よろしくね。

共通点《きょうつうてん》

天気《てんき》や、学校《がっこう》に関係《かんけい》することなど、初《はじ》めて会《あ》った人同士《ひとどうし》でも通《つう》じることを話題《わだい》にしてみよう。

とってもよい天気《てんき》だね。

新《あたら》しい担任《たんにん》の先生《せんせい》、どんな人《ひと》かな。

どこの席《せき》にすわってるの？

気《き》づき

すてきだなと思《おも》ったり、こまっているのかなと感《かん》じたりしたら、相手《あいて》に伝《つた》えてみよう。

三《み》つあみが上手《じょうず》だね。どうやるの？

服《ふく》のキャラクター、かっこいいね。

具合《ぐあい》が悪《わる》そうだけど、だいじょうぶ？

●話《はな》しかけられたとき

話《はな》しかけられた言葉《ことば》を
しっかり受《う》け止《と》めて、
言葉《ことば》を返《かえ》そう。
さらに話題《わだい》を見《み》つけて、
会話《かいわ》をつなげてみよう。

受《う》け答《こた》え

「話《はな》しかけてくれた人《ひと》と、
おたがいに気持《きも》ちのよい時間《じかん》を
すごしたい。」そんなふうに考《かんが》えて、
こころよく受《う》け答《こた》えしよう。

あいさつ

おはよう！

→ おはよう！
名前《なまえ》を教《おし》えて
もらってもいい？
わたし（ぼく）は
○○○○だよ。

天気《てんき》

とっても
よい天気《てんき》だね。

→ ほんとう、きれいな青空《あおぞら》だね。
学校《がっこう》の桜《さくら》もきれいだね。

質《しつ》　問《もん》

会話《かいわ》の中《なか》で、相手《あいて》の意見《いけん》や感想《かんそう》を
聞《き》いてみよう。ほかにも、好《す》きなことや、
最近《さいきん》はまっていることなどを聞《き》いて、
交流《こうりゅう》を深《ふか》めていこう。

新《あたら》しい担任《たんにん》の先生《せんせい》、
どんな人《ひと》かな。

→ 楽《たの》しみだね。
やさしい先生《せんせい》だと
いいなあ。
○○さんは、どんな
先生《せんせい》がいい？

→ わたしは、おもしろい
先生《せんせい》がいいな。

あいづち

あいづちは、「君《きみ》の話《はなし》を聞《き》いているよ。」
「もっと聞《き》きたい。」という
気持《きも》ちの表現《ひょうげん》でもあるんだ。
おたがいに会話《かいわ》がしやすくなるよ。

へえー！

そうだね。

ハハハ！（笑《わら》う）

うん。（うなずく）

実《じつ》は、自分《じぶん》から話《はな》しかける勇気《ゆうき》が出《で》なかったんだ。話《はな》しかけてくれてありがとう。
同《おな》じようななやみをもっていたんだ！
話《はな》しかけたとき、気持《きも》ちよく答《こた》えてくれたから、わたしもうれしかったよ。

いろんな人《ひと》と
気軽《きがる》に会話《かいわ》をして、
つながっていこう。

自己《じこ》しょうかいスピーチ

みんなに伝《つた》えよう

ゆうたは、人前《ひとまえ》で話《はな》すのが苦手《にがて》だ。
二年生《にねんせい》のとき、クラスメイトから
発表中《はっぴょうちゅう》に
「聞《き》こえなーい！」
と大声《おおごえ》で言《い》われて、
はずかしくなってしまったんだって。

（クラスがえをしたから、きっと
自己《じこ》しょうかいがあるだろうなあ。）
ゆうたの心《こころ》には、いやな思《おも》いを
したくない気持《きも》ちと、こんなふうに
後《うし》ろ向《む》きでいいのかなという
気持《きも》ちがまじっているよ。

ハンカチ落《お》としたのだれー？

いつまでも気《き》にしていたら、新《あたら》しいクラスがつまらなくなっちゃう。

ゆうた
あの子《こ》、大《おお》きな声《こえ》ではきはき話《はな》せていいなあ。

ぼくも自信《じしん》をもって、大《おお》きな声《こえ》で話《はな》したい。でも、どうしたらできるようになるんだろう。

ゆうたが予想《よそう》した通《とお》り、
最初《さいしょ》の学級活動《がっきゅうかつどう》の時間《じかん》で
みんなが自己《じこ》しょうかいを
することになったよ。
最初《さいしょ》に、先生《せんせい》が自己《じこ》しょうかいをするね。名前《なまえ》は「とがし ただひろ」です。
とがし ただひろ
先生《せんせい》はみんなと会話《かいわ》をするのが大好《だいす》きです。だから、みんなもたくさん話《はな》しかけてください。
この三年一組《さんねんいちくみ》では、「伝《つた》え合《あ》う」ことを大切《たいせつ》にしてほしいと考《かんが》えています。楽《たの》しかったことや、さびしく感《かん》じたこと、ふしぎだなと思《おも》ったこと、またはほかの人《ひと》とちがう意見《いけん》など、いろんなことを伝《つた》え合《あ》うと、心《こころ》がゆたかになっていきます。

自分《じぶん》の思《おも》いや考《かんが》えを、のびのび伝《つた》え合《あ》えるクラスにしていきましょう！
はいっ！
はい。
はい。
はい。
お！ かずま君《くん》、大《おお》きくていい返事《へんじ》だね！
声《こえ》をうまく出《だ》せない子《こ》が多《おお》いな。

先生《せんせい》は、
「自己《じこ》しょうかいの前《まえ》に、
スピーチのポイントを教《おし》えるね。」
と言《い》ったよ。

ほっ。

伝《つた》え方《かた》が上手《じょうず》になる！

スピーチの8つのポイント

ポイント 1 姿勢《しせい》

●顔《かお》を前《まえ》へ向《む》けよう。

●足《あし》を肩《かた》はばくらいに開《ひら》こう。

気《き》をつけよう！

姿勢《しせい》が前《まえ》かがみになると、
顔《かお》が下《した》に向《む》いてしまって、
声《こえ》が前《まえ》のほうへ出《で》にくくなるよ。

ポイント 2 視線《しせん》

●視線《しせん》を前《まえ》へ向《む》けよう。

聞《き》いているみんなの
顔《かお》を見《み》ることで、
コミュニケーションを
取《と》るといいね。

ポイント
3

発声《はっせい》

- 腹式呼吸《ふくしきこきゅう》で、おなかから声《こえ》を出《だ》そう。
- あ・い・う・え・おの母音《ぼいん》をはっきり発音《はつおん》しよう。

腹式呼吸《ふくしきこきゅう》で声《こえ》を出《だ》そう

1

ポイント１の姿勢《しせい》で、
おなかをへこませながら
空気《くうき》を口《くち》からゆっくりはく。

2

おなかをふくらませながら
鼻《はな》から空気《くうき》をすう。

3

おなかの空気《くうき》をはき出《だ》すときに、
口《くち》とのどを大《おお》きく開《ひら》いて
声《こえ》を出《だ》してみよう。

4

このように
おなかを使《つか》った呼吸《こきゅう》を、
「腹式呼吸《ふくしきこきゅう》」というよ。

はっきり発音《はつおん》しよう

音《おと》に合《あ》わせて
口《くち》をしっかり開《ひら》こう。
相手《あいて》に言葉《ことば》を
はっきり伝《つた》えられるよ。

ポイント 4 声量《せいりょう》

●場所《ばしょ》や人数《にんずう》に合《あ》わせよう。

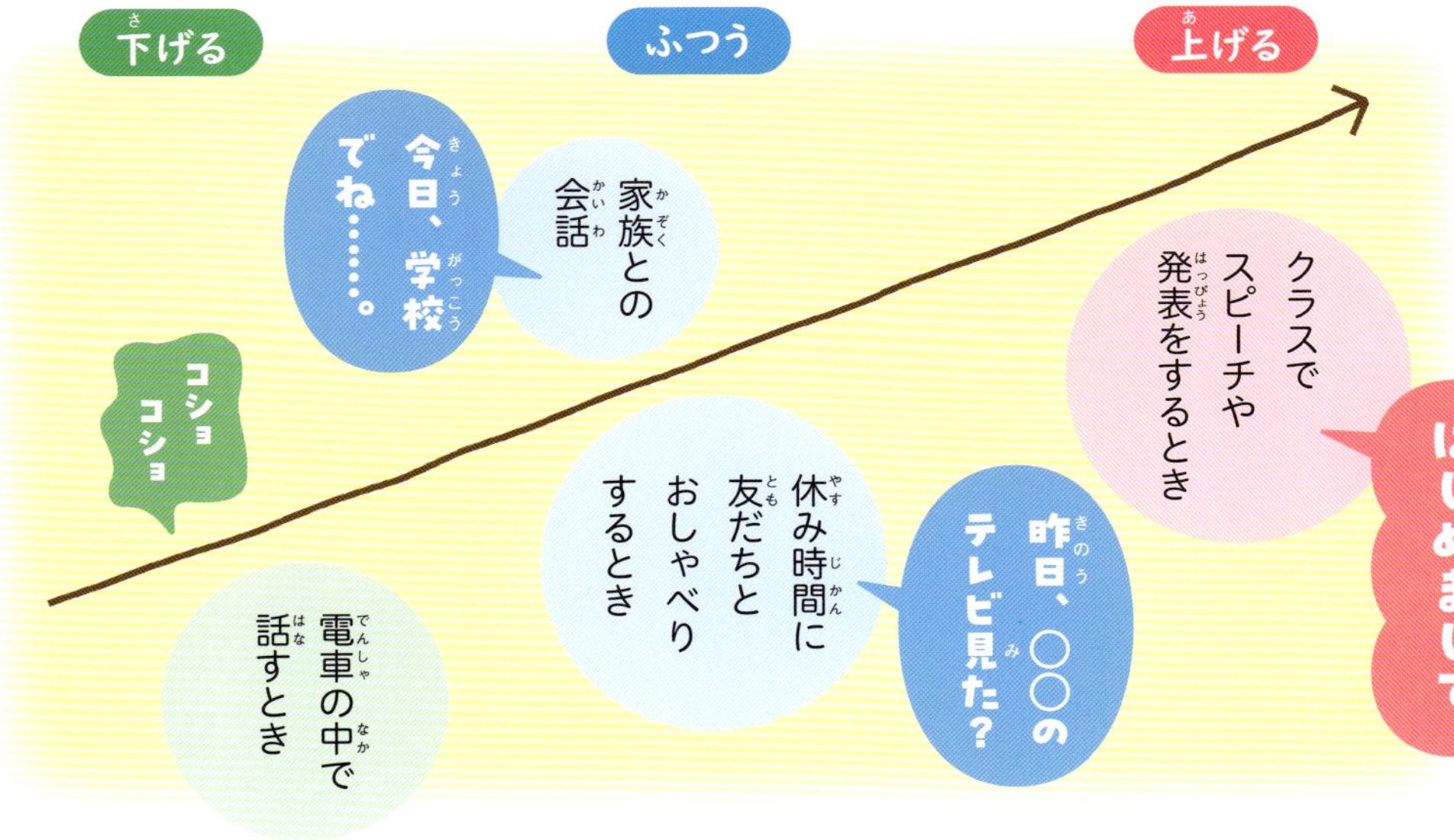

下《さ》げる
ふつう
上《あ》げる
コショコショ
電車《でんしゃ》の中《なか》で話《はな》すとき
今日《きょう》、学校《がっこう》でね……。
家族《かぞく》との会話《かいわ》
休《やす》み時間《じかん》に友《とも》だちとおしゃべりするとき
昨日《きのう》、○○のテレビ見《み》た？
クラスでスピーチや発表《はっぴょう》をするとき
はじめまして。

ポイント 5 速度《そくど》

●速《はや》すぎないこと。

●おそすぎないこと。

●一気《いっき》に話《はな》さないで、所《ところ》どころで「間《ま》」を取《と》ろう。

例《れい》 声《こえ》に出《だ》して読《よ》んでみよう。「一《いっ》ぱく」のところで、間《ま》を一秒《いちびょう》取《と》ってね。

この三年一組《さんねんいちくみ》では、一《いっ》ぱく「伝《つた》え合《あ》う」ことを大切《たいせつ》にしたいと思《おも》っています。

間《ま》を取《と》らないで読《よ》んだときと、どちらが聞《き》き取《と》りやすいかな？

ポイント 6 強調《きょうちょう》

●「大事《だいじ》なこと」は声量《せいりょう》を少《すこ》し上《あ》げ、やや速度《そくど》を落《お》として話《はな》そう。

例《れい》 この三年一組《さんねんいちくみ》では、「伝《つた》え合《あ》う」ことを大切《たいせつ》にしたいと思《おも》っています。

・(点《てん》)の部分《ぶぶん》を強調《きょうちょう》して読《よ》んでみよう。

ポイント 7 表情《ひょうじょう》

●笑顔《えがお》や明《あか》るい表情《ひょうじょう》で話《はな》すと、相手《あいて》に親《した》しみが伝《つた》わるよ。

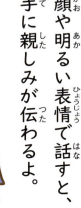

ポイント8

内容《ないよう》

- 伝《つた》えることを決《き》めておこう。
- 一文《いちぶん》を短《みじか》くしよう。

スピーチの時間《じかん》は、一人一分《ひとりいっぷん》くらいだよ。

どんなことを伝《つた》えようかな。

テーマを1つ決《き》めよう

例《れい》

得意《とくい》なこと
- 教科《きょうか》
- スポーツ
- 習《なら》い事《ごと》
- 物作《ものづく》り
- 記憶力《きおくりょく》

好《す》きなもの
- 動物《どうぶつ》
- 食《た》べ物《もの》
- スポーツ
- 場所《ばしょ》
- 本《ほん》
- アニメ

自分《じぶん》の性格《せいかく》
- 人見知《ひとみし》りをする
- のんびりしている
- 負《ま》けずぎらい
- 好奇心《こうきしん》が強《つよ》い
- おおざっぱ

将来《しょうらい》なりたいもの
- イラストレーター
- パン職人《しょくにん》
- 警察官《けいさつかん》
- 学校《がっこう》の先生《せんせい》
- スポーツ選手《せんしゅ》

興味《きょうみ》をもっていること
- 生《い》き物《もの》のくらし
- 宇宙《うちゅう》のふしぎ
- 化石《かせき》
- パソコン
- 料理《りょうり》
- おしゃれ

話題《わだい》をふくらませよう

メモの取《と》り方《かた》

テーマを真《ま》ん中《なか》に書《か》いて、思《おも》いついたことを下《した》の図《ず》のように線《せん》をのばして書《か》いていこう。

短《みじか》く、すばやく、たくさん書《か》くのがコツだよ。

さらに線《せん》をのばして、理由《りゆう》やエピソードをメモしよう。

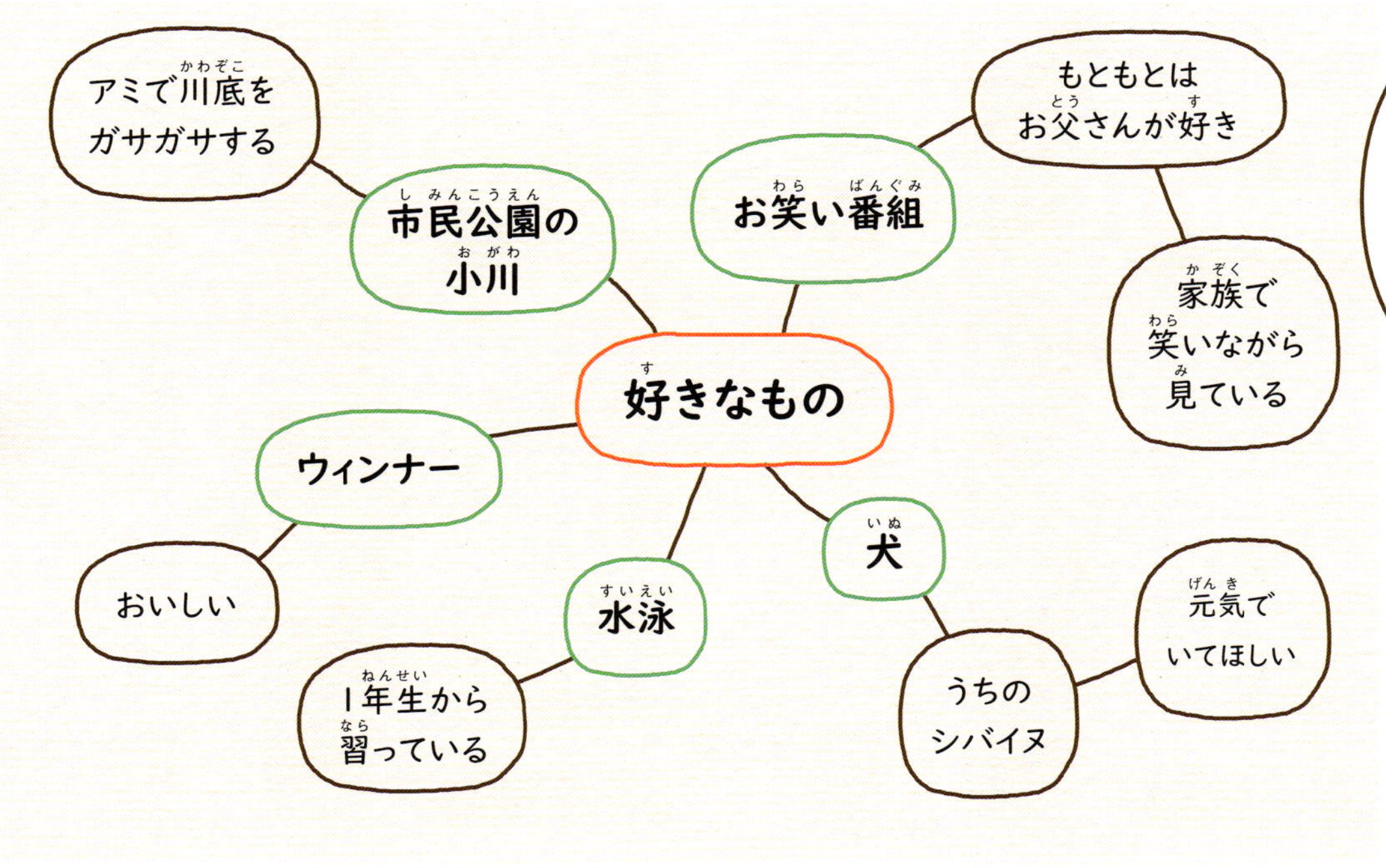

話題《わだい》がいろいろ見《み》つかった! 「犬《いぬ》」のことを話《はな》そう。

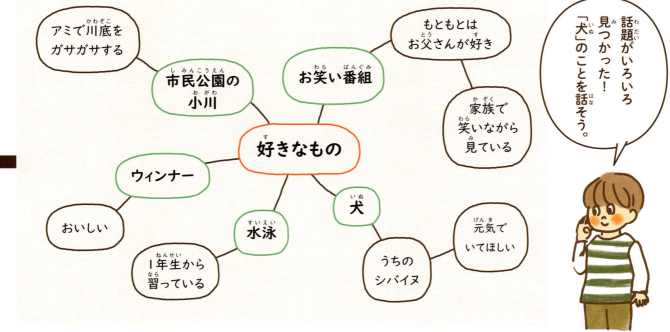

自己《じこ》しょうかいの流《なが》れを考《かんが》えよう

例《れい》

1	あいさつ	はじめまして。
2	名前《なまえ》	みかみ ゆうた
3	予告《よこく》	好《す》きな犬《いぬ》のこと。
4	好《す》きなもの	ぼくが生《う》まれる前《まえ》からかっている
		シバイヌ。名前《なまえ》はラッキー。
		楽《たの》しいときに笑《わら》ったような顔《かお》を
		する。かわいい。
		今《いま》、ラッキーは人間《にんげん》にたとえると、
		60 さいくらいだという。
		ずっと元気《げんき》でいてほしいので、
		犬《いぬ》によいことを調《しら》べている。
5	目標《もくひょう》や	これからみんなとなかよくして
	メッセージ	いきたい。
6	あいさつ	よろしくお願《ねが》いします。

1 あいさつをすると、話《はな》しやすくなるよ。

2 まず自分《じぶん》の名前《なまえ》を言《い》おう。

3 話《はな》すテーマを先《さき》に言《い》うと、分《わ》かりやすくなるよ。

4 選《えら》んだテーマについて、理由《りゆう》やエピソードを話《はな》す順《じゅん》に書《か》こう。

5 これからがんばりたいことや、みんなへのメッセージなどを加《くわ》えると、より親《した》しみがわくよ。

6 結《むす》びのあいさつをしよう。

メモの取《と》り方《かた》

実際《じっさい》に話《はな》す順《じゅん》にメモしよう。メモをもとに原稿《げんこう》を書《か》いてみるのもいいね。

メッセージで正直《しょうじき》な気持《きも》ちを伝《つた》えるぞ。

「これが好《す》き」ってすぐに言《い》えるものがあったらいいのにな。春休《はるやす》みに読《よ》んだ『ひみつの花園《はなぞの》』がとても気《き》に入《い》ったから、これから本《ほん》をたくさん読《よ》みたいですって言《い》おうかな。

体操教室《たいそうきょうしつ》に通《かよ》っている話《はなし》にしよう。練習《れんしゅう》を続《つづ》けていたらとび箱《ばこ》がとべるようになったことと、今《いま》はリズムダンスにはまっていることを話《はな》してみよう。

サッカーとバスケットボールとドッジボールが好《す》きだなあ。兄《にい》ちゃんと毎朝走《まいあさはし》ってるから体力《たいりょく》には自信《じしん》がある！っていう話《はなし》にしよう！

コツ！

メモや原稿《げんこう》を見《み》ながらスピーチするとき

- メモや原稿《げんこう》は、むねの前《まえ》あたりに持《も》とう。
- 顔《かお》は、前《まえ》に向《む》けよう。
- メモや原稿《げんこう》を見《み》るときは、顔《かお》を動《うご》かさず、視線《しせん》だけ向《む》けよう。

聞《き》く人《ひと》は、あいづちをどんどん打《う》とう。質問《しつもん》があったら、手《て》をあげて聞《き》いてね。

自己《じこ》しょうかいが始《はじ》まったよ。一人《ひとり》ずつ前《まえ》に出《で》て、スピーチをするんだ。最初《さいしょ》はかずま。ゆうたは二番目《にばんめ》だ。

アハハ！
ハハハ！

自分《じぶん》の番《ばん》がきて、ゆうたはどきどきしながら前《まえ》に出《で》た。

はじめまして。ぼくは「みかみ ゆうた」です。好《す》きな犬《いぬ》のことを話《はな》します。ぼくのうちでは、ぼくが生《う》まれる前《まえ》からシバイヌをかっています。名前《なまえ》はラッキーです。楽《たの》しいときに笑《わら》ったような顔《かお》をする、かわいい犬《いぬ》です。今《いま》、ラッキーは人間《にんげん》にたとえると、六十《ろくじっ》さいくらいなのだそうです。なので、今《いま》、犬《いぬ》の健康《けんこう》によいことを調《しら》べています。これからみんなとなかよくしていきたいです。よろしくお願《ねが》いします！

へえー！

うん
うん

パチ パチ パチ パチ
できた……!!

やがて、クラスみんなの自己《じこ》しょうかいが終《お》わったよ。

みんな、伝《つた》え方《かた》がとても上手《じょうず》だったよ！
質問《しつもん》は出《で》なかったな……。

言葉《ことば》のキャッチボール

もっと知《し》りたい、友《とも》だちのこと

先生《せんせい》は教室《きょうしつ》に入《はい》ってくると、みんなを見回《みまわ》して言《い》った。
「自己《じこ》しょうかいを聞《き》いて、心《こころ》に残《のこ》ったことや、もっと知《し》りたいと思《おも》ったことはあったかな？　班《はん》を作《つく》って、感想《かんそう》を伝《つた》え合《あ》ったり、質問《しつもん》したりしてみよう。」

ほのかは、りお、ゆうた、かずまと同《おな》じ班《はん》になった。

かずまが最初《さいしょ》に名前《なまえ》を言《い》って、三人《さんにん》もあらためて名前《なまえ》を伝《つた》え合《あ》ったよ。

ぼくは、ふじかわ かずまだよ。よろしく。
みかみ ゆうたです。
わたしは、はなだ ほのか。よろしくね。
のざき りおです。よろしく。
三班《さんばん》は最初《さいしょ》に名前《なまえ》を伝《つた》え合《あ》ってるよ。とてもいいね！

マーカーの部分《ぶぶん》は、会話《かいわ》するときの参考《さんこう》にしてね。

わたしたちも順番《じゅんばん》に名前《なまえ》を言《い》っていこう。
そうだね！
うん！

コツ！

質問《しつもん》の言葉《ことば》～会話《かいわ》を広《ひろ》げよう～

「はい」「いいえ」では答《こた》えられない質問《しつもん》を、「オープンクエスチョン」というよ。

オープンクエスチョンを会話《かいわ》に取《と》り入れて、相手《あいて》によりくわしく話《はな》を聞《き》いてみよう。

例《れい》

いつ？

どうして？

どこで？

なぜ？

だれが？

どんなふうに？

よし、わたしたちも始《はじ》めよう。
何《なに》を質問《しつもん》しようかな……。
そうしよう！

ほかの班《はん》でも会話《かいわ》が始《はじ》まったよ。質問《しつもん》したいことは、会話《かいわ》しながら考《かんが》えてもいいね。

ほのかたち四人《よにん》は、もう一度《いちど》自己《じこ》しょうかいをすることにした。

「サッカーとバスケットボールとドッジボールが好《す》きです。」

「本《ほん》が好《す》きなので、これから本《ほん》をたくさん読《よ》もうと思《おも》っています。」

「体操教室《たいそうきょうしつ》に通《かよ》っていて、今《いま》、リズムダンスにはまっています。」

「うちでかっている、シバイヌのラッキーが好《す》きです。」

自己《じこ》しょうかいの内容《ないよう》は、18、19ページを見《み》てね。

あの……
気《き》になっていたことがあるんだけどさ、

あ！ 同時《どうじ》に話《はな》し始《はじ》めちゃった。

先《さき》にどうぞ！

りおがゆずったよ。同時《どうじ》にちがうことを話《はな》したら、伝《つた》え合《あ》うことができなくなってしまうね。

だれかが話《はな》しているとき、ほかの人《ひと》は話《はなし》を聞《き》く側《がわ》になろう。

ゆうた君《くん》の家《いえ》の犬《いぬ》は、どこか悪《わる》いの？
ゆうた君《くん》の話《はなし》を聞《き》いていて、心配《しんぱい》になったんだ。

(え!?)と、ゆうたはびっくりした。

ラッキーは元気《げんき》だよ。犬《いぬ》が人間《にんげん》よりずっと早《はや》く年《とし》を取《と》ることを知《し》って、いたわらないといけないなって思《おも》ったんだ。
心配《しんぱい》してくれてありがとう。

かずまはほっとした様子《ようす》で、「それならよかった。」と言《い》ったよ。

(病気《びょうき》だと思《おも》われたのか……。
伝《つた》えるってむずかしいな。)
ゆうたはそう思《おも》った。それから、
(こんなふうに感《かん》じたことも、話《はな》して
伝《つた》えていったほうがいいのかな。)
と考《かんが》えたよ。

伝《つた》えるって、むずかしいね。
かずま君《くん》の質問《しつもん》のおかげで、ぼくは言葉《ことば》が足《た》りなかったことに気《き》づけたよ。
そういうふうに気《き》づけるの、すごいね。

「さっき話《はな》そうとしたことって、
何《なん》だったの？」
かずまが、りおに話《はなし》をふった。
りおは、かずまの話《はなし》を引用《いんよう》して、
気《き》になっていたことを質問《しつもん》したよ。

かずま君《くん》は「毎朝走《まいあさはし》ってる」って言《い》ってたけど、スポーツ選手《せんしゅ》を目指《めざ》してるの？

引用《いんよう》……だれかの言葉《ことば》を、自分《じぶん》の発言《はつげん》や文章《ぶんしょう》の中《なか》で用《もち》いることだよ。

ううん、全然《ぜんぜん》！
アハハ！

ほのかも質問《しつもん》してみた。

「どうして毎朝走《まいあさはし》ってるの？」

そうだなあ。走《はし》ってると、いろんなスポーツができるようになって、楽《たの》しいからかな。兄《にい》ちゃんがやってるからなんだけどね。

みんなは、スポーツは好《す》き？

うん、好《す》きだよ。

うん、とくに体操《たいそう》が好《す》き。

うん！

かずまは、ゆうたとほのかが
スポーツが好《す》きだと知《し》って、意外《いがい》に
思《おも》ったよ。自己《じこ》しょうかいでは
スポーツの話《はなし》をしていなかったからね。
ゆうたは水泳《すいえい》が得意《とくい》なんだって。
「ほのかさんは、何《なに》が好《す》きなの？」

バドミントンだよ。二年生《にねんせい》のときは、近所《きんじょ》の友《とも》だちとバドミントンばかりしてたんだ。

あれ？
どうしたの？
？
？

自己《じこ》しょうかいを考《かんが》えていたときは、好《す》きなものが思《おも》いつかなかったんだ。
話《はな》してたら出《で》てきたよ。ふしぎだね。
うん うん
なんだか分《わ》かるな。
じゃあ、もっと話《はな》そう！

りおさんは、どうして体操教室《たいそうきょうしつ》に入《はい》ったの？

ようち園《えん》のとき、ぶら下《さ》がったり登《のぼ》ったりする遊《あそ》びがぜんぜんできなかったんだって。
それでパパとママが心配《しんぱい》して、体操教室《たいそうきょうしつ》に入《い》れてくれたの。
へえー！
りおさん、がんばったんだね。

学級活動《がっきゅうかつどう》の時間《じかん》が終《お》わっても、
しばらく会話《かいわ》が続《つづ》いたよ。
会話《かいわ》をしたら、友《とも》だちにも
自分《じぶん》にも発見《はっけん》があったね。
会話《かいわ》を通《とお》して、
「知《し》る」を重《かさ》ねていこう。
世界《せかい》が広《ひろ》がっていくよ。

兄《にい》ちゃん、なんで毎朝走《まいあさはし》ってるの？
サッカークラブのレギュラーになるためだよ。

自分《じぶん》の気持《きも》ちをもっと表現《ひょうげん》したいな。

ほのかは、
友《とも》だちと会話《かいわ》した
ときのうれしい
気持《きも》ちを、書《か》きとめて
おこうと思《おも》ったんだって。

ほのかちゃんともっと仲《なか》よくなりたいな。

そうだ、日記《にっき》を書《か》こう。日記《にっき》って、自分《じぶん》と会話《かいわ》をしてるみたいだね。

あたたかい言葉《ことば》でつながろう

言葉《ことば》は、人《ひと》と人《ひと》の心《こころ》を通《かよ》わせて
よろこびをあたえることができるけれど、
同時《どうじ》に人《ひと》をきずつけてしまうことも
あるんだ。
だから、相手《あいて》を思《おも》いやる心《こころ》をもって、
あたたかい言葉《ことば》をかけ合《あ》うようにしよう。

遊《あそ》んでいるグループの中《なか》に、
入《はい》りにくいときってあるよね。
一人《ひとり》でいる人《ひと》を見《み》かけたら、
声《こえ》をかけてみよう。

あおとくんもいっしょに遊《あそ》ばない？

何《なん》の話《はなし》をしてるの？わたしも入《い》れて。
いいよ！

おしゃべりしているときや、
遊《あそ》んでいるときに「入《い》れて。」と言《い》われたら、
こころよくむかえ入《い》れよう。とちゅうからでも
参加《さんか》できる空間《くうかん》って、居心地《いごこち》がいいよね。

心配《しんぱい》してくれてありがとう。

お礼《れい》の言葉《ことば》も
心《こころ》があたたまるね。

みんなでふこう!
だいじょうぶ?手伝《てつだ》うよ。

だれかが失敗《しっぱい》しても、せめたりしないよ。
自分《じぶん》だって失敗《しっぱい》することがあるから。
それに、悲《かな》しんでいる人《ひと》がいたら
なぐさめて、元気《げんき》づけたいよね。

そういうふうに気《き》づけるの、すごいね。

友《とも》だちのいいところを見《み》つけたら、
言葉《ことば》にして伝《つた》えよう。
友《とも》だちにみとめられるって、
とてもうれしいことなんだ。

ごめん。わからないんだ。いっしょにさがすよ。

どんなふうに言《い》うのかも大切《たいせつ》だよ。
例《たと》えば、「ほうきがどこにあるか
知《し》ってる?」と聞《き》いたとき、
そっぽを向《む》いて「知《し》らない。」
なんて言《い》われたら、よい関係《かんけい》を
きずくことができないね。

心《こころ》の中《なか》に暗《くら》い感情《かんじょう》がわきおこることがある。
そんなときは、すぐに言葉《ことば》に出《だ》さないで、
「自分《じぶん》の言葉《ことば》で、相手《あいて》がどんな気持《きも》ちに
なるだろう。」と考《かんが》えてみよう。

気持《きも》ちを伝《つた》え合《あ》おう　その一《いち》

運動会《うんどうかい》のリレー

今日《きょう》は運動会《うんどうかい》。
クラスのリレー選手《せんしゅ》に選《えら》ばれた、かずま、りお、みさき、はるおみは、この日《ひ》のために毎日《まいにち》練習《れんしゅう》してきたよ。

がんばってね。
目標《もくひょう》は一位《いちい》だね！
あんなに練習《れんしゅう》したんだから、優勝《ゆうしょう》できる！
みんなで応援《おうえん》してるよ！
がんばれー！
ぼくも選手《せんしゅ》になりたかったな……。

クラスメイトたちの応援《おうえん》の言葉《ことば》から、四人《よにん》は勇気《ゆうき》をもらったよ。

いよいよリレーが始《はじ》まる。第一走者《だいいちそうしゃ》は、りお。

全力《ぜんりょく》で走《はし》ろう！
位置《いち》について、よ〜い……
ドン！
ワー　ワー

りおは三位《さんい》でバトンをわたした。二位《にい》との差《さ》はわずかだ。

はい!

第二走者《だいにそうしゃ》は、はるおみ。速《はや》い、速《はや》い! 二人《ふたり》ぬいて一位《いちい》になった。

ワー
ワー

第三走者《だいさんそうしゃ》は、みさき。一人《ひとり》にぬかされてしまったけれど、差《さ》が開《ひら》かないようにがんばっている。

みさきさん、もう少《すこ》し!
よーし、ぼくが逆転《ぎゃくてん》するぞ。

アンカーのかずまは、近《ちか》づいてきたみさきを見《み》て、思《おも》いっきり走《はし》り出《だ》したよ。みさきはどきっとした。(あ! とどかない!)

バトンはかずまの指先《ゆびさき》に当《あ》たって、落《お》ちてしまった。

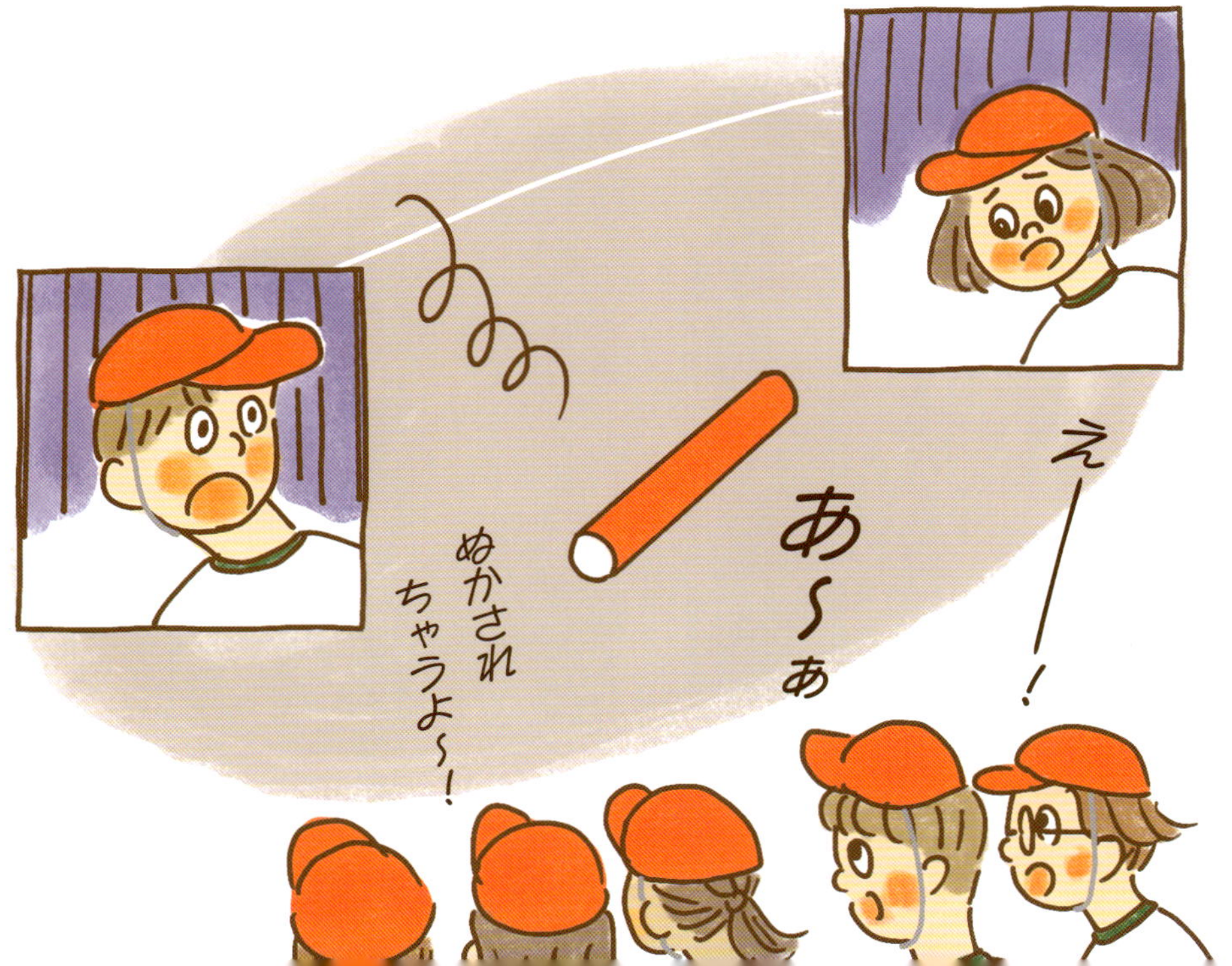
え――!
あ〜あ
ぬかされちゃうよ〜!

(ちゃんとわたせなかった!) 周《まわ》りから、がっかりした声《こえ》が上《あ》がった。みさきは、きずついて、さらに落《お》ちこんだんだ。

かずま君《くん》、バトン拾《ひろ》って！追《お》いつけるよ！
そうだよ！がんばって！

かずまは一生《いっしょう》けんめい追《お》いかけたけれど、赤組《あかぐみ》の順位《じゅんい》は最下位《さいかい》だった。

あ〜あ
ざんね〜ん

バトンパス、失敗《しっぱい》してごめん。
……。
悪《わる》いのはみさきさんじゃない、ぼくだ。本当《ほんとう》のことを言《い》ったら、みんなはぼくにがっかりするかな……。
かずまの心《こころ》がチクリとした。

でも、言《い》わなければみさきさんはずっと自分《じぶん》をせめてしまう。
ああ、ぼくはかっこいいところを見《み》せたかったのに、自分《じぶん》の失敗《しっぱい》をかくそうとするなんて、かっこ悪《わる》すぎだ！

かずまは、（今《いま》すぐに言《い》わないといけない。）と思《おも》ったよ。

ごめん！
バトンを落《お》としたのは、
ぼくのせいなんだ。
走《はし》り出《だ》すタイミングが
早《はや》かったから、
みさきさんはうまくわたす
ことができなかったんだよ。
……ごめんなさい。

みさきはおどろいた。でも、
気《き》持《も》ちが落《お》ち着《つ》いてきたよ。

そんなことないよ。
もっとバトンパスの
練習《れんしゅう》をしておけば
よかったね。
みさきちゃん、
元気《げんき》になってきた！
だれかの
せいじゃないよ。
また選手《せんしゅ》になって
このくやしさを
来年《らいねん》の運動会《うんどうかい》に
生《い》かそう！

それにしても、
あのあとの
かずま君《くん》の追《お》い上《あ》げ、
すごかった！
じいん
あきらめないで
走《はし》ってたね！

はるおみ君《くん》、
どうしてそんなに
速《はや》く走《はし》れるの？
コツを教《おし》えて。
うん！

言葉《ことば》にして伝《つた》え合《あ》うと、
心《こころ》につかえていたものが
取《と》れていくね。

みんな、
クラスのために
全力《ぜんりょく》で取《と》り組《く》んで
くれた四人《よにん》に、
拍手《はくしゅ》をおくろう！
一生《いっしょう》けんめい
走《はし》ってくれて
ありがとう！
パチパチパチ
パチパチ

気持《きも》ちを伝《つた》え合《あ》おう　その二《に》

友《とも》だちがおこったとき

梅雨空《つゆぞら》が続《つづ》く六月《ろくがつ》。
ほのかは、学校《がっこう》が終《お》わったあと、
放課後児童《ほうかごじどう》クラブに行《い》ってみたよ。
クラブは学校《がっこう》の中《なか》にあって、
放課後《ほうかご》に遊《あそ》んだり学習《がくしゅう》したりして
すごせる場所《ばしょ》なんだ。
クラブ室《しつ》には、
同《おな》じクラスの
ゆなとめいがいた。

いっしょに遊《あそ》ぼう。
うん、遊《あそ》ぼう!
トランプしない?

三人《さんにん》は、ババヌキをすることにしたよ。

そろった!
わたしも!
あ〜、負《ま》けた!

最初《さいしょ》は楽《たの》しくババヌキをしていたけれど……。
ゆなは、だんだんおもしろくなくなってきた。何回《なんかい》やっても、なぜかゆなだけ勝《か》つことができないからだ。

あがり!
あがり!
また負《ま》けた~。

あがった!
なんで……。
やった~!
じわ

落《お》ちこんでいくゆなを見《み》て、ほのかは心配《しんぱい》になったよ。

すると……。

ゆなちゃんは、カードをちょっと飛《と》び出《だ》させておくと、きまってそれを引《ひ》いちゃうんだよ。
だから、ババを引《ひ》いたときは、ゆなちゃんにあげちゃった。
えへへ~

気《き》づかなかった……。
えー、めいちゃんひどーい!

ひどくないよー。勝《か》ち負《ま》けがあるゲームなんだから、べつにいいでしょ!
あわあわ
もういい。もうやらない!
ぐしゃっ

ゆなはかっとして、相手《あいて》をつき放《はな》すような言葉《ことば》を言《い》ったんだ。気《き》まずくなってしまい、ほのかは、(ゆなちゃんにどんな言葉《ことば》をかけたらいいだろう。)と考《かんが》えた。

ほのかは、（ゆなちゃんが何回《なんかい》も負《ま》けちゃう前《まえ》に、何《なに》かできればよかったな。）と思《おも》った。

ゆなちゃん、ごめんね。もう一回《いっかい》やろうよ。
そうだよ。次《つぎ》はもうしないから、ごめんね。

めいもあわててあやまった。（悪気《わるぎ》はなかったんだけどなあ。）

二人《ふたり》からあやまられて、ゆなは、おこったことが申《もう》しわけなくなってきたよ。

めいちゃんひどいよ。でも、そういうのも勝負《しょうぶ》だからありなのかな……？
でもやっぱりなっとくできない。
勝《か》ちたいとか、そんなんじゃないんだ……。
なんて言《い》えばいいか、わからないよ。
べつに……。

じゃあ、自分《じぶん》のカードを手《て》に持《も》つんじゃなくて、机《つくえ》の上《うえ》にふせてならべて、そこから一《いち》まい引《ひ》くってことにしたらいいんじゃないかな？

そうか、そうすれば見分《みわ》けがつかないね。

わたしのためにルールを変《か》えてくれた……。
……うん、わかった。ほのかちゃんの言《い》ったルールで、もう一度《いちど》やろう。

自分《じぶん》たちで考《かんが》えたババヌキは、遊《あそ》びながらルールを変《か》えられるおもしろさがあったよ。

どれを引《ひ》く？
さあ さあ
いけー！
ぜったいにババは引《ひ》かないよ！

今度《こんど》は、ゆなが一番《いちばん》になった！ビリはめいだった。

やったー！
くやしい〜。

ババヌキって手元《てもと》で見《み》ているから、ババをぬくかな、どうかなって、どきどきするんだね。
めいちゃんがカードを飛《と》び出《だ》させておいても、もう引《ひ》っかからないよ。元《もと》のルールでもう一度《いちど》やらない？

ほのかはうれしくなって、

「うん、やろう！」

と返事《へんじ》をした。

めいは少《すこ》しあらたまって、

「――さっきはごめんね。」

と言《い》った。

「いやな思《おも》いをしたでしょう？ゆなちゃんの気持《きも》ちを考《かんが》えてなかったよ……。」

そうか、自分《じぶん》の気持《きも》ちが軽《かろ》んじられたことにおこったんだな。でも、かっとして、いやな態度《たいど》をとったわたしも悪《わる》いよね。
わたしも、おこってごめんね。

そのあと三人《さんにん》は、放課後児童《ほうかごじどう》クラブの時間《じかん》が終《お》わるまで、楽《たの》しくトランプをしたんだって。

伝《つた》え合《あ》うことで、関係《かんけい》が深《ふか》まり、心《こころ》がゆたかになっていくよ。もし友《とも》だちと心《こころ》がすれちがってしまったら、すぐに行動《こうどう》するのがポイントだよ。また、落《お》ちついて相手《あいて》の思《おも》いを聞《き》くのもいいね。

まとめ みんなのふりかえり

ほのか

自分《じぶん》から話《はな》しかけたことで、
りおちゃんと友《とも》だちになれて
よかった。そういえば、
話《はな》しかけるきっかけになった
かれ葉《は》は、クスノキだったよ。

会話《かいわ》をしていたら、自分《じぶん》の好《す》きな
ものに気《き》づいたの。友《とも》だちの質問《しつもん》が
引《ひ》き出《だ》してくれたんだね。

会話《かいわ》をするときは、相手《あいて》の気持《きも》ちを
考《かんが》えることを心《こころ》がけたよ。

みさき

運動会《うんどうかい》でバトンを落《お》とした
ときは泣《な》いてしまったけど、
かずま君《くん》も同《おな》じように
つらいんだって知《し》ったら、
落《お》ち着《つ》いてきた。
周《まわ》りの人《ひと》の言葉《ことば》で、
立《た》ち直《なお》ることができたよ。

りお

一人《ひとり》で席《せき》にすわっていて、
ほのかちゃんに話《はな》しかけて
もらったとき、
ちょっとした声《こえ》かけが
とてもうれしいことに
気《き》づいたんだ。

わたしも、だれかに
話《はな》しかけたときに
よろこんでもらえたらいいな。

班《はん》で会話《かいわ》をしたときは、
相手《あいて》の話《はなし》をよく聞《き》いて、
相手《あいて》が答《こた》えやすい質問《しつもん》を
するように気《き》をつけたよ。

ゆうた

先生《せんせい》に教《おし》えてもらった方法《ほうほう》で、
大《おお》きな声《こえ》を出《だ》すことができた。
そうしたら、話《はな》すことに少《すこ》し
自信《じしん》がついたんだ。

質問《しつもん》して、相手《あいて》の新《あたら》しい面《めん》を
知《し》ることができたら
うれしいな。

運動会《うんどうかい》では、かずま君《くん》の
追《お》い上《あ》げに感動《かんどう》したから、
それを伝《つた》えることができて
よかった。

運動会《うんどうかい》で失敗《しっぱい》したとき、
みんなに打《う》ち明《あ》ける前《まえ》に、ぼくは、
ぼく自身《じしん》と会話《かいわ》をしていたよ。
今思《いまおも》うと、大事《だいじ》なことかなって思《おも》う。
運動会《うんどうかい》では言葉《ことば》のこわいところと、
やさしいところを知《し》ったんだ。
なぜなら、リレーの前《まえ》はみんなの
「がんばれー!」って言葉《ことば》にはげまされて、
失敗《しっぱい》したときは、「あ〜あ」っていう
言葉《ことば》にきずついた。そのあと、
仲間《なかま》の言葉《ことば》で心《こころ》のいたみが
和《やわ》らいでいったからだよ。

かずま

けいすけ

ぼくは、リレーの選手《せんしゅ》に
選《えら》ばれなくてくやしかったんだ。
じつは、選手《せんしゅ》になった
はるおみ君《くん》とは話《はなし》もしたくない、
なんて思《おも》っていたんだよ。
でも、自分《じぶん》の力不足《ちからぶそく》をみとめて
はるおみ君《くん》に話《はな》しかけたら、
気持《きも》ちがすっきりしたよ。

会話《かいわ》をしてみて、
よかったことはあったかな?
それはどうしてかな?
また、会話《かいわ》をするときに、
気《き》をつけたことはあったかな?
最後《さいご》にふりかえってみよう。

ぼくは、自分《じぶん》の気持《きも》ちを
あまり言《い》えなかった。
リレーの練習《れんしゅう》は楽《たの》しかったし、
いっしょにがんばってきたから、
負《ま》けてもくいはなかったんだ。
もっと言葉《ことば》で伝《つた》えればよかったな。
けいすけ君《くん》に「コツを教《おし》えて。」と
言《い》われたのは、うれしかった。

はるおみ

トランプのときは、
ほのかちゃんのおかげで
自分《じぶん》の冷《つめ》たい言《い》い方《かた》に
気《き》づけて、ゆなちゃんに
その場《ば》であやまることが
できてよかった。
自分《じぶん》も相手《あいて》も楽《たの》しめる
会話《かいわ》を心《こころ》がけたいな。

めい

自分《じぶん》の気持《きも》ちを
言葉《ことば》で伝《つた》えることが
できれば、すぐに
かっとなったり、
そのあといじけたり
しないですむのかなあ。
もっと知《し》っている言葉《ことば》を
ふやしたいな。

ゆな

さくいん

おわりに

伝《つた》え合《あ》って、ゆたかな日々《ひび》に

このシリーズは、みなさんに「伝《つた》え合《あ》うことのすばらしさ」を知《し》ってもらうために作《つく》りました。

相手《あいて》に自分《じぶん》の考《かんが》えを伝《つた》え、分《わ》かってもらうのは、大人《おとな》でもむずかしいことです。それでも人《ひと》は、伝《つた》え合《あ》うことをあきらめません。人《ひと》は人《ひと》と関《かか》わり、試《ため》してはやり直《なお》し、分《わ》かり合《あ》いながら、よりよい社会《しゃかい》や未来《みらい》をつくっていくからです。

「ありがとう。」「ごめんなさい。」「うれしいです。」「あなたに会《あ》えてよかったです。」……こういった思《おも》いを心《こころ》の中《なか》にしまっておくだけではなく、伝《つた》えたい人《ひと》に伝《つた》えてください。相手《あいて》を思《おも》う気持《きも》ちがあれば、時間《じかん》がかかったとしても伝《つた》わります。また、勇気《ゆうき》を出《だ》して伝《つた》えてくれた人《ひと》の思《おも》いを受《う》け止《と》めてください。伝《つた》え合《あ》うための学《まな》びを続《つづ》けて、相手《あいて》をどんどん知《し》りましょう。そして、人生《じんせい》をゆたかにしてください。応援《おうえん》しています。

監修《かんしゅう》　冨樫忠浩《とがしただひろ》

監修

冨樫《とがし》 忠浩《ただひろ》

北海道栗山町立栗山小学校教諭
日本言語技術教育学会理事
「鍛える国語教室」研究会所属
日本新聞協会認定NIEアドバイザー

国語の授業名人と称される野口芳宏に師事。これまで曖昧だった国語教育をより具体的にする「言語技術」を研究し、全国各地で授業改善策を提案している。
監修に『ポスターで伝えよう　見るコツつくるコツ』全3巻（汐文社）、『手紙っていいな　書いて楽しい、もらってうれしい！』全4巻（文研出版）、共著に『作文力マスターカード』『コミュニケーション能力の育成』（明治図書出版）などがある。

イラスト

カワダ クニコ

イラストレーター、絵本作家
日本児童出版美術家連盟会員

あたたかく、ユーモアあふれる作風で、児童書や絵本で活躍している。作品に『にゃんたる刑事』（PHP研究所）、『おうちくん』（303BOOKS）、『こねこねねこの　ねこピッツァ』（作・くさかみなこ　KADOKAWA）などがある。社会貢献プロジェクト「シュガプロ」から制作された絵本、『ぼくはキリン』（303BOOKS）で絵を担当している。

装丁・本文デザイン　倉科明敏（T・デザイン室）
編集・制作　桑原るみ、伊田果奈（303BOOKS）

伝《つた》え合《あ》うって楽《たの》しい！
もっと知《し》りたい、きちんと伝《つた》えたい
❶ 言葉《ことば》のキャッチボールをしよう

発　行　2024年9月30日　初版第1刷
発行者　佐藤諭史
発行所　文研出版
〒113-0023
東京都文京区向丘2丁目3番10号
（児童書お問い合わせ）
03-3814-5187
〒543-0052
大阪市天王寺区大道4丁目3番25号
（代表）
06-6779-1531
https://www.shinko-keirin.co.jp/
印刷・製本　株式会社太洋社

NDC816　40p　29.2×21.7cm　ISBN978-4-580-82662-5

りお　ほのか　あおと　かずま　ゆうた　みさき